001

002

FORTUNA SEQUATUR

003

D0564896

004

TENEBO

005

006

007

008

009

010

011

MALGRÉ LE TORT.

012

1

013

014

015

016

017

018

019

020

021

022

023

024

025

026

027

2

028

029

LOYAL AU MORT.

PREND MOI TEL QUE JE SUIS

030

031

032

033

034

035

TETH ANC

036

037

PAX COPIA SAPIENTIA

038

039

040

DANTE DEO

041

042

3

043

044

045

046

047

048

049

050

051

052

053

054

4

055

056

COMME E FUS.

057

058

059

060

061

062

063

064

SEROU SED SERIO.

065

066

067

MEDIOCRIA FIRMA.

068

069

070

072

073

071

074

075

EN BON ESPOIR

076

077

078

079

6

080

081

082

083

084

085

086

087

088

089

090

091

SPES BONA

092

093

094

095

096

097

098

099

100

101

102

103

104

105

106

8

Auxilio Divino

Sic parvis magna

107

108

109

110

111

112

113

114

115

116

117

118

119

VELLE BENE FACERE

120

121

9

122

123

124

VIRIBUS UNITIS

125

126

127

128

129

130

131

132

133

134

135

10

136

137

138

139

AQUILA NON CAPTAT MUSCAS

140

141

142

143

144

145

146

147

148

149

150

151

11

152

153

154

155

156

157

158

159

160

161

162

163

164

165

166
EXCITARI NON HEBESCERE

167

168

169

170

171

172

173

174
PRO LIBERTATE PATRIÆ

175

176
NIL DESPERANDUM

177

178

13

179

180

181

182

183

184

185

186

187

188

189

190

191

192

14

193

194

195

196

197

198

199

200

201

202

203

204

HONESTE · AUDAX ·

205

15

206

207

208

209

210

211

212

213

214

FORTIOR LEONE JUSTUS

215

216

217

218

219

220

16

221

222

223

224

225

226

227

228

229

230

231

LUX TUA VIA MEA

232

233

234

235

236

237

238

239

240

241

242

243

244

245

246

247

248

249

250

251

252

253

Consilio et animis

254

255

256

257

258

259

260

261

262

263

264

265

266

267

268

269

270

SOLA VIRTUS INVICTA

271

20

272

J'AYME A JAMAIS

273

274

275

276

277

278

279

280

281

282

283

284

285

286

287

288

289

290

291

292

293

294

295

296

297

298

299

300

22

In·hoc·signo·vinces

301

302

303

304

305

306

307

308

309

310

311

312

313

23

314

315

316

317

318

319

320

321

322

323

324

325

POLLET   VIRTUS.

326

327

328

SAPIENS·QUI·ASSIDUUS

IOANNES SAGANTA

VIRTUS IN ACTIONE CONSISTIT

LEOPOLDVS V.I.DOCTOR DICKIVS AB CÆS:MAIESTA HILTPRANTSECK CONS:SACRIQVE P. COMES

RES EST INVICTA·VERITAS·

329

330

331

332

333

334

335

336

337

338

339

340

341

342

25

343

344

345

346

FORTUNA DOMUS

347

348

349

350

351

352

353

354

355

356

357

DEI · DONVM

358

359

360

361

363

FOR · BEAR

364

362

365

366

367

SPES · BONA

368

369

370

27

371

372

373

374

375

376

377

378

379

380

381

382

383

28

384

385

386

387

388

389

390

391

392

393

394

395

396

397

398

399

400

401

402

403

404

405

406

AUT NUNQUAM TENTES, AUT PERFICE

407

408

409

AUDACTER ET SINCERE

410

411

412

413

H   B

414

415

416

417

PUGNA   PRO   PATRIA

418

419

420

421

UTILE·ET·DULCE

422

423

pro   libertate

424

425

427

428

426

432

429

430

431

433

435

434

436

437

32

438